# SOCIÉTÉ LORRAINE

DES

# AMIS DES ARTS

# STATUTS

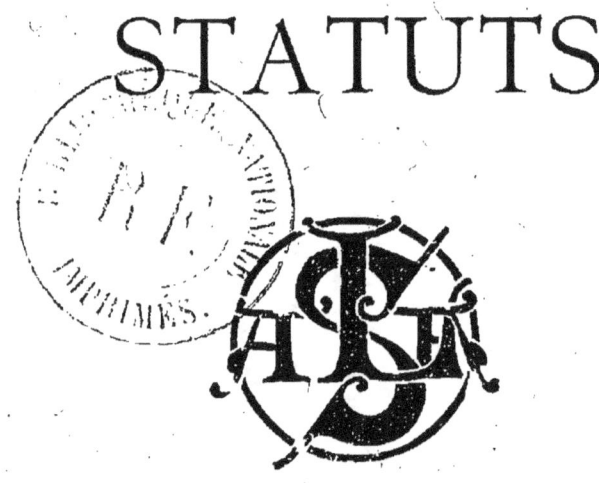

NANCY
IMPRIMERIE DE RENÉ VAGNER
3, Rue du Manège, 3

1893

# SOCIÉTÉ LORRAINE

DES

# AMIS DES ARTS

---

# STATUTS

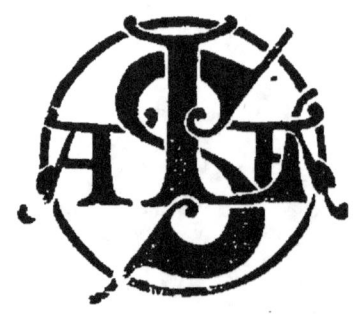

NANCY

IMPRIMERIE DE RENÉ VAGNER

3, Rue du Manège, 3

—

1893

# COMPOSITION

## DU BUREAU ET DE LA COMMISSION

MM. ADAM, *président*.
   ROUSSEL (EDMOND), *vice-président*.
   THOMAS-MALLARMÉ, *secrétaire*.
   BERTIER, *trésorier*.
   MOREAU, *secrétaire-adjoint, archiviste*.

MM. BOURGON.
   GANIER.
   GENAY.
   HANNEQUIN.
   MARX (Roger).
   QUINTARD (Lucien).
   WIENER (René).

# STATUTS

DE LA

## SOCIÉTÉ LORRAINE DES AMIS DES ARTS

### Article 1er.

Le siège de la Société est rue Victor-Poirel, salle Poirel.

### Art. 2 (ancien 1er).

Le but de la Société est d'encourager et de répandre le goût des arts du dessin en Lorraine.

### Art. 3 (ancien 2).

Pour être Membre de la Société, il suffit de s'être fait inscrire pour une ou plusieurs actions sur la liste générale déposée chez le Secrétaire, en s'adressant à l'un des membres de la Commission.

Les mineurs ne peuvent être admis qu'avec l'assentiment de leurs parents ou tuteurs.

### Art. 4 (ancien 3 modifié).

Le montant de chaque action s'élevant à 10 fr. est payable au commencement de l'année. Le versement sera justifié par un reçu du Trésorier, qui portera le nom du Sociétaire et le numéro de son action.

Tout souscripteur qui n'aura pas payé son action au moment de l'Exposition, perdra son droit d'entrée et ne participera pas au tirage dont il est question à l'article 15.

Toute souscription est renouvelée de droit pour les années suivantes, sauf démission adressée au Secrétariat de la Société, avant le 1er Décembre de l'année courante.

### Art. 5 (ancien 4 modifié).

La qualité de Sociétaire donne droit à l'entrée gratuite à l'Exposition.

Tout Sociétaire pourra prendre, moyennant

un franc par personne, des abonnements d'entrée à l'Exposition, pour toutes les personnes de sa famille (femmes et enfants mineurs vivant ensemble sous le même toit). Les cartes d'abonnement sont rigoureusement personnelles, celles présentées par d'autres personnes seront immédiatement retirées (1).

### Art. 6 (ancien 5 modifié).

La Société est administrée par une Commission de douze Membres élus par l'Assemblée générale des actionnaires, au scrutin de liste.

Le vote par correspondance est admis.

Le Bureau, composé d'un Président, un Vice-Président, un Secrétaire et un Trésorier, est élu au scrutin par les Commissaires et choisi parmi les Membres de la Commission exclusivement.

La Commission se renouvellera par tiers tous les ans; par tirage au sort les deux premières années et ensuite par ancienneté.

---

(1) Comme les années précédentes, les personnes ne faisant pas partie de la Société pourront prendre des abonnements, moyennant trois francs. Les cartes d'abonnement seront délivrées par le Conservateur de l'Exposition, salle Poirel.

### Art. 7 (nouveau).

En cas de vacances dans l'intervalle des Assemblées générales annuelles ou de non acceptation par un ou plusieurs membres élus, le Comité y pourvoira de droit et dans le plus bref délai.

### Art. 8 (nouveau).

Le Comité, après chaque Assemblée générale, procèdera au renouvellement intégral de son bureau.

Les membres sortant sont rééligibles.

### Art. 9 (nouveau).

Le Président exerce une surveillance active sur tout ce qui se rattache à la Société et à son administration. Il signe tous les actes, procès-verbaux, assure l'exécution stricte des Statuts et des décisions de la Commission.

Le Vice-Président remplace le Président en son absence ou par délégation.

Le Secrétaire est chargé de toutes les écritures de la Société telles que: registres d'inscription, livrets des expositions, procès-verbaux, correspondance, imprimés, etc.

Le Trésorier est dépositaire des fonds de la Société et en est responsable. Il est chargé des rentrées des cotisations sur états fournis par le Secrétaire.

Aucune dépense excédant 100 francs ne pourra se contracter sans l'assentiment de la Commission et le Trésorier ne pourra régler aucun compte sans le visa du Président.

Un registre de recettes et dépenses sera tenu chronologiquement et sans lacunes par les soins du Trésorier.

A chaque Assemblée générale annuelle, le Trésorier présentera un rapport sur sa gestion financière durant l'exercice écoulé.

### Art. 10 (nouveau).

La présence des membres de la Commission est obligatoire aux réunions ordinaires et extraordinaires. Tout membre ayant manqué à trois séances consécutives, sans se faire excuser, sera considéré comme démissionnaire et remplacé de droit.

### Art. 11 (nouveau).

Le procès-verbal de chaque séance est transcrit sur un registre spécial et signé du Président de la séance et du Secrétaire.

### Art. 12 (nouveau).

Les expositions ont lieu tous les ans.

### Art. 13 (ancien 6).

Les cotisations des sociétaires et les fonds provenant tant de l'allocation municipale que du droit d'entrée à l'exposition et de la vente des catalogues, sont employés :

1° A l'achat des tableaux et objets d'art choisis parmi ceux qui font partie de l'Exposition et qui seront tirés au sort ;

2° Aux frais de l'administration de la Société et à ceux de l'Exposition.

### Art. 14 (ancien 8).

Pour former le Jury chargé d'acheter les objets d'art destinés à la loterie, la Commission pourra s'adjoindre, par la voie du scrutin, un ou plusieurs sociétaires.

### Art. 15 (nouveau).

Les acquisitions de tableaux et objets d'art seront faites dans les dix premiers jours de l'Exposition. Le quinzième jour aura lieu l'Assemblée générale; des bulletins portant chacun le numéro d'une action, seront mis dans une urne dont on retirera autant de numéros qu'il y aura de lots.

Les Sociétaires dont les numéros seront sortis seront prévenus par lettre recommandée et convoqués huit jours après le tirage; à cette réunion ils seront invités à faire leur choix, dans les œuvres achetées, par rang de sortie.

Ceux qui ne pourraient se présenter eux-mêmes pourront se faire représenter par un délégué. En cas d'absence complète, la Commission chosira pour eux.

### Art. 16 (ancien 10).

Les personnes qui auront gagné des lots ne pourront, dans aucun cas, les faire enlever avant la clôture de l'Exposition.

### Art. 17 (ancien 11).

Les objets d'art gagnés, qui n'auraient pas été retirés avant le mois de janvier qui suivra l'Exposition, demeureront acquis à la Société, qui en disposera en Assemblée générale.

### Art. 18 (ancien 12).

Le Bureau convoquera, au commencement de l'année, une Assemblée générale dans laquelle, après avoir reçu le compte du Trésorier, on procèdera au renouvellement partiel de la Commission.

### Art. 19 (nouveau).

Les discussions politiques et religieuses et les jeux de hasard ou d'argent sont interdits.

### Art. 20 (nouveau).

En cas de modifications aux Statuts, l'Association devra demander de nouveau à l'autorité compétente l'autorisation prévue par l'art. 291 du Code pénal.

*Le Président,*
Adam.

*Le Secrétaire,*
Thomas-Mallarmé.

*Le Trésorier,*
Bertier.

# PRÉFECTURE

DU

## DÉPARTEMENT DE MEURTHE-ET-MOSELLE

*MODIFICATIONS AUX STATUTS*

Nous, Préfet de Meurthe-et-Moselle, Officier de la Légion d'honneur et de l'Instruction publique,

Vu la demande formée par M. E. Adam, Président de la *Société lorraine des Amis des Arts*, domicilié à Nancy, dans le but d'être autorisé à modifier les Statuts de cette Association;

Vu les Statuts modifiés;

Vu l'avis favorable de M. le Maire de Nancy;

Vu l'article 291 du Code pénal et la loi du 10 avril 1834;

Vu les instructions ministérielles;

ARRÊTONS :

ART. 1er. — M. le Président de la *Société lorraine des Amis des Arts* est autorisé à modifier les Statuts de cette Association, conformément au projet ci-joint.

Art. 2. — M. le Maire de Nancy est chargé de l'exécution du présent arrêté.

Nancy, le 7 avril 1893.

*Le Préfet,*

Signé : Léon Stéhelin.

Pour copie conforme, le Conseiller de Préfecture délégué, signé : Kinsbourg.

Pour copie conforme :

Pour le Maire,

*L'Adjoint délégué,*

Royé.

# LISTE DES MEMBRES

DE LA

## SOCIÉTÉ LORRAINE DES AMIS DES ARTS

### 1892-1893

Nos MM.
1. Adam, ancien maire, rue Victor Hugo, 27.
2. Aimé, industriel, Pont-à-Mousson.
3. Alexandre (M<sup>me</sup>), rue Saint-Georges, 45.
4. Amard, peintre, rue Guerrier de Dumast, 19.
5. Ammann, peintre, rue de Saurupt, 6.
6. Ancel, notaire, Lunéville.
7. André, architecte, rue d'Alliance, 12.
8. André (Docteur), rue de la Pépinière, 35.
9. Angenoux, président de Chambre, cours Léopold, 49.
10. Antoine, architecte, Lunéville.
11. Assonvillez (M<sup>me</sup> d'), place d'Alliance, 8.
12. Aubert (Louis), rue Lepois, 17.
13. Aubry, faïencerie de Toul.
14. Audiat, conseiller, rue de la Ravinelle, 35.
15. Aymès, cours Léopold, 12.

16. Bapst-Drapier, rue Stanislas, 19.
17. Baradez (Louis), rue du Montet, 6.
18. Barbey, rue Sainte-Catherine, 5.
19. Barbier (l'abbé), impasse Saint-Vincent.
20. Barbier, capitaine, commandant la Compagnie de sapeurs-pompiers, quai Choiseul.
21. Barco, photographe, rue du faub. Stanislas, 8.
22. Bardon, rue Gambetta, 46 bis.
23. Barthélemy, avocat, rue Mazagran, 10.
24. Baudot, notaire, rue Gambetta, 46.
25. Baumann, rue Jeanne-d'Arc, 2 *bis*.
26. Bazin, rue Saint-Dizier, 75.
27. Beauminy (de), place de la Carrière, 45.
28. Beaupré (Emile), rue de Serre, 18.
29. Beaupré (Jules), rue de Serre, 18.
30. Benoît, ancien conseiller, Toul.
31. Benoît, doyen honoraire, rue Lepois, 9.
32. Benzenger, rentier, 22, rue de la Ravinelle.
33. Berger-Levrault (Oscar), rue des Glacis, 7.
34. Bernard de Jandin, rue Montesquieu, 16.
35. Bernheim (Docteur), place de la Carrière, 24.
36. Berr (Mme), rue Baron-Louis, 23.
37. Bertier, avoué, place de la Carrière, 18.
38. Besval, avocat, place Carrière, 39.
39. Bizemont (comte de), au Trembloy par Bouxières-aux-Chênes (M.-et-M.).
40. Blancheur, notaire h[re], pl. de la Carrière, 17.
41. Bloch, capitaine au 26e, rue du Montet, 3.
42. Bloch, rue des Ponts, 28.

43. Blondel, professeur, rue de l'Hospice, 13.
44. Blondin (Léon), rue de la Ravinelle, 9.
45. Blondot, professeur, quai Claude-le-Lorrain, 8.
46. Bonnardel, ancien maire, Saint-Nicolas.
47. Bonvié, place d'Alliance, 8.
48. Boppe (Charles), rue des Ponts, 25.
49. Boppe (Paul), rue de Toul, 40.
50. Bordier (Jules), rue des Carmes, 6.
51. Bordier, (M$^{me}$ Jules), rue des Carmes, 6.
52. Boucher, Emile, Grande-Rue, 76.
53. Boudot (M$^{me}$), rue des Jardiniers, 13.
54. Bour, ancien greffier en chef du tribunal de 1$^{re}$ instance, rue Saint-Dizier, 127.
55. Bour (Charles), cour Léopold, 17.
56. Bour (fils), rue Sainte-Catherine, 9.
57. Bourgon, architecte, Cours Léopold, 6.
58. Boursier, notaire honoraire, Malzéville.
59. Boursier (Ch.), notaire, rue Saint-Jean, 54.
60. Bouvier (H. de), rue de la Source, 10.
61. Boyer, docteur, à Commercy.
62. Bretagne, contrôleur des contributions directes, rue de la Ravinelle, 41.
63. Brice (le général), place de l'Académie, 8.
64. Broissia (le v$^{te}$ de), rue du Haut-Bourgeois, 6.
65. Brouillon, rue des Dominicains, 12.
66. Brunner, Pont-d'Essey.
67. Burtin (M$^{me}$), rue Saint-Georges, 105.
68. Bussière, sculpteur, rue de Phalsbourg, 35.
69. Butte, rue d'Amance, Malzéville.

70. Cahen (Raymond), rue Stainslas, 46.
71. Cahen (Emile), place du Marché, 11.
72. Carage, rue Jeanne-d'Arc, 9.
73. Cartier, rue de la Ravinelle, 16.
74. Catau, faubourg Stanislas, 1.
75. Cézard, (Léonce), rue des Michottes, 11.
76. Chabellard (André), quai de la Bataille, 32.
77. Chaignet, négociant, rue des Dominicains, 26.
78. Chambrun (v$^{tesse}$ de), place d'Alliance, 6.
79. Chappé, peintre, rue Lepois, 19.
80. Charbonnier, professeur de peinture, rue de Metz, 21.
81. Charbonnier (Paul), Grande-Rue, 60.
82. Charleville, négociant, rue Saint-Nicolas, 27
83. Charrière (de la), rue de Guise, 18.
84. Charrière (M$^{me}$ de la), rue de Guise, 18.
85. Châtelain, professeur, rue de Boudonville, 24.
86. Chaty, notaire, rue Saint-Georges, 79.
87. Chauveton, place Stanislas, 5.
88. Coanet, manufacturier, rue de la Hache, 23.
89. Coëtlosquet (Maurice du), Rambervillers.
90. Coiseur, négociant, Champigneulles.
91. Collenot (Gustave), rue des Michottes, 11.
92. Collesson, ancien notaire, rue des Tiercelins, 24.
93. Collet (M$^{lle}$ Eugénie), rue Saint-Jean, 38.
94. Collignon, professeur, rue Jeanne-d'Arc, 2 *bis*.
95 Collignon, Jaulny, par Thiaucourt.
96. Collin, notaire, rue de la Hache, 64.

97. Collin, rue du Montet, 78.
98. Colin Saint-Michel, Jéricho, Malzéville.
99. Colson, rentier, rue des Ponts, 8 *bis*.
100. Condé (M^me de), rue du faubourg S^t-Jean, 43.
101. Conrard, négociant, rue Victor Hugo, 17.
102. Constantin (M^me Jules), rue des Jardiniers, 18.
103. Conte, négociant, rue du Manège, 5.
104. Cordier, député, Toul.
105. Costé, rue Stanislas, 54.
106. Cournault (Charles), Malzéville.
107.
108. Courteville (de), avocat, rue de la Monnaie, 8.
109. Courtois, avocat, place Carrière, 41.
110. Crépin-Leblond, rue des Dominicains, 40.
111. Crousse, horticulteur, rue du faubourg Sta- Stanislas, 49.
112. Crousse (M^lle), rue du faubourg Stanislas, 49.
113. Daimé, professeur, rue de l'Equitation, 58.
114. Dalbin (l'abbé), rue Saint-Léon, 6.
115. Daubrée (M^me), rue des Michottes, 5.
116. Daum (Auguste), pont de la Croix, 6.
117. Daum (Antonin), Pont-de-la-Croix, 6.
118. Decosse, directeur des forges, Champigneulles.
119. Delarue, comm^t en retraite, rue Sainte-Catherine, 3.
120. Delaval, Saint-Max.
121. Delcominète, prof^r rue des Quatre-Eglises, 2.
122. Demenge-Cremel, rue Saint-Dizier, 22.

123. Demenge-Grillot, rue du Pont-Mouja, 23.
124. Demouzon, cours Léopold, 12.
125. Descelles, artiste-peintre, Saint-Dié.
126. Devilly (M<sup>me</sup>), rue des Tiercelins, 46.
127. Didion (Charles), rue Saint-Dizier, 138.
128. Didion (Julien), rue des Tiercelins, 23.
129. Dieudonné, juge de paix, Montmédy.
130. Dorez, pharmacien, rue des Quatre-Eglises, 2.
131. Drouet (Charles), rue Isabey, 17.
132.
133. Dryander, rue du faubourg Saint-Jean, 27.
134. Ducret, rentier, chemin des Prés.
135. Dumast (B<sup>on</sup> G. de), place de la Carrière.
136. Dumont, place de la Carrière, 16.
137. Dussaux, notaire, rue Saint-Dizier, 12.
138. Duviviers, Jaulny, près Thiaucourt (M. et-M)
139. Erhmann (M<sup>lle</sup>), rue du Faub. S<sup>t</sup>-Jean, 58.
140. Elie (Jules), rue Drouot, 4.
141. Elie-Lestre, Cours Léopold, 43.
142. Emard, rue Baron Louis, 19.
143. Erard, Jolivet, près Lunéville.
144. Evrard, ancien notaire, rue des Tiercelins, 29.
145. Farrouch, chemisier, rue Gambetta, 9.
146. Feltin, avoué à la Cour, r. des 4 Eglises, 48.
147. Fénal, avocat, Pexonne (M.-et-M.)
148. Ferlin-Maubon, nég<sup>t</sup>, rue de Strasbourg, 45.
149. Fleury (M<sup>lle</sup>), rue Saint-Nicolas, 28.
150. Fliche, prof<sup>r</sup> à l'Ecole forestière, r. S<sup>t</sup>-Dizier, 9.
151. Fonfrède, procureur de la République, Dijon.

152. Fontenoy, (C$^{te}$ de), Château de Dommartin-
lès-Toul.
153. Forjonnel (M$^{me}$), rue Stanislas, 68.
154. François (M$^{me}$), rue de la Pépinière, 37.
155. Frawemberg (C$^{te}$ de), Bouxières-aux-Dames.
156. Frégeville (M$^{is}$ de), rue du Haut-Bourgeois, 4.
157. Friant E., artiste-peintre, r. Jeanne-d'Arc, 26.
158. Friot (D$^r$), rue Saint-Nicolas, 11.
159. Früshinsholtz, rue de la Pépinière, 42.
160. Gadel, Lunéville,
161. Gail (le Colonel de), à Sainte-Marie.
162. Galland-Briot (M$^{me}$), rue Saint-Dizier, 53.
163. Gallé (Emile), avenue de la Garenne, 2 bis.
164. Gandoin, professeur de musique, r. Isabey, 35
165. Ganier, juge, rue du Montet, 5.
166. Gardeil, professeur à la Faculté de Droit, rue
de la Salpétrière, 2.
167. Gargam (le comm$^t$), rue de Strasbourg, 87.
168. Garnier, ancien juge, rue de la Source, 8.
169. Gauthier, rue Isabey, 25.
170. Genay, architecte, rue Baron-Louis, 21.
171. Génin (Amédée), rue du Haut-Bourgeois, 29.
172. Georgel, avoué, place de l'Académie, 4.
173. Georges, rue Saint-Georges, 19.
174. Gérard, entrep$^r$, rue de la Salpétrière, 7.
175. Gérard (Victor), rue Stanislas, 80.
176. Gérardin (Julien), Jarville, Grande rue, 2.
177. Germain (Paul), rue d'Alliance, 5.
178. Gillard (Max), pl. Duroc. 66, Pont-à-Mousson.

179. Giron (Ch.), adjoint, rue de Metz, 30 *bis*.
180. Gomien (M^me), rue d'Alliance, 11.
181. Gorman (Comte O'), rue Saint-Dizier, 19.
182. Goussancourt (de), rue de la Ravinelle, 37.
183. Gouthière-Vernolle, rue de la Pépinière.
184. Gouy de Bellocq, rue d'Alliance, 3.
185. Greff (Jules), rue de la Commanderie, 32.
186. Gridel (Emile), Baccarat.
187. Grillon (Alfred), cours Léopold, 6.
188. Grillon, avocat, rue des Chanoines, 5.
189. Gross, docteur, rue Isabey, 25.
190. Guérin (M^me Charles), Lunéville.
191. Guérin (Edmond), Lunéville.
192. Guérin (Emile), Lunéville.
193. Guerlach (Charles), rue Saint-Jean, 11.
194.
195. Guinet, entrepreneur, rue de Serre, 8.
196. Gutton, architecte, rue Gambetta, 42.
197. Guyot, prof^r à l'Ecole forestière, r. Girardet, 10.
198. Haas, rue de Lorraine, 4.
199. Haldat du Lys (de), cours Léopold, 36.
200. Hannequin, rue de la Ravinelle, 35.
201. Hanrez, chaussée de Charleroi, 188, Bruxelles.
202. Hekking, prof^r de musique, pl. de la Carrière.
203. Henriet (Albert), rue Drouot, 4.
204. Herbin, négociant, Hôtel des Loups.
205. Hestaux, artiste-peintre, r. du Montet, 116.
206. Hippolyte (docteur), rue des Michottes.
207. Hocquard (Henri), rue Stanislas, 6.

208. Hocquard (Alexis), rue Saint-Dizier, 1.
209. Hœner fils, rue de Strasbourg, 73.
210. Humbel (Lucien), Eloyes, Vosges.
211. Huyaux, marbrier, rue des 4 Eglises, 73.
212. Huyaux, marbrier, rue des 4 Eglises, 73.
213. Huyaux fils, rue des Quatre-Eglises, 73.
214. Imhaus, rue des Glacis, 16.
215. Ippensen (Charles), rue de Metz, 3 bis.
216. Isay, négociant, rue des Dominicains, 42.
217. Jacob (M$^{me}$ Vve Léon), rue de Guise, 4.
218. Jacques (Alexandre), rue de la Faïencerie, 15.
219. Jassada, inspecteur des chemins de fer, rue Isabey, 19.
220. Jasson, architecte, rue de la Monnaie, 8.
221. Joybert (de), rue de l'Hospice, 49.
222. Jullien (M$^{me}$ Emile), place Saint-Georges, 95.
223. Karcher, avenue de la Garenne, 8 ter.
224. Kauffer, (M$^{me}$ F.), rue Isabey, 27.
225. Keller (Edmond), Lunéville.
226. Kind, artiste peintre, sentier du Sapin, 18.
227. Krantz, doyen de la Faculté des Lettres, rue des Dominicains, 6.
228. Labarrière (E.), rue de l'Abbé Grégoire, 16.
229. Lacaille, avocat, rue Dom Calmet, 20.
230. Lacombe (Ch.), rue Désilles, 5.
231. Ladret (Eugène), Longwy.
232. Lallement de Mont (M$^{me}$ de), rue d'Alliance, 15.
233. Landreville (marquis de), rue Stanislas, 51.

234. Landreville (comte de), rue Stanislas, 51.
235. Landrian (P. de), rue Bailly, 17.
236. Lang (Benoît), rue de Metz, 79.
237. Lang (Ch.), Cours Léopold, 6.
238. Lang (Raphaël), place Saint-Jean, 6.
239. Lang (Salomon), rue de la Source, 10.
240. Lang (Mme Salomon), rue de la Source, 10.
241. Langenhagen (de), rue du faubourg Saint-Jean, 32.
242. Langlard, directeur d'assurances, rue des Tiercelins, 30.
243. Lanique, ingénieur, r. de la Commanderie, 9.
244. Lanternier, architecte, rue du faubourg Stanislas, 34.
245. Laprevote, rue Victor Hugo.
246. Larcher, avocat, rue des Quatre-Eglises, 55.
247. Larcher (L.), avocat, rue Saint-Dizier, 108.
248. Larcher (Jules), directeur de l'Ecole des Beaux-Arts, rue des Jardiniers, 14.
249. Larmoyer, notaire, rue Saint-Jean, 2.
250. Larteau, artiste peintre, rue des Glacis, 13.
251. La Touche (B{on} de), rue Girardet, 8.
252. Laurent, ancien négociant, rue de Metz, 20.
253. Leblanc, antiquaire, rue Stanislas, 94.
254. Leclerc, avocat, rue de la Commanderie, 11.
255. Lederlin, doyen de la Faculté de Droit, faubourg Stanislas, 12 *bis*.
256. Legay, antiquaire, rue Stanislas, 26.
257. Lejeune (Armand), rue Sainte-Catherine, 1.

258. Lejeune (Emile), rue Sainte-Catherine, 1.
259. Lejeune (Jules), rue de la Ravinelle, 22 *bis*.
260. Le Monnier, professeur, rue de Serre, 3.
261. Lenglet banquier, place de la Carrière, 38.
262. Lenoir, ingénieur, Neufchâteau.
263. Lenoir (Charles), Raon-l'Étape (Vosges).
264. Levasseur, ainé, faubourg Stanislas, 41.
265. Lévy, banquier, rue des Dominicains, 44.
266. Lhuillier (Paul), faubourg Saint-Georges, 10.
267. Licourt (Paul), rue de Guise, 14.
268. Ligniville (C$^{te}$ G. de), rue d'Alliance, 15.
269. Lombard, professeur de dessin au lycée, rue rue Grandville, 15.
270. Luc, tanneur, rue de Malzéville, 23.
271. Ludre (comte de), Richardménil (M.-et-M.).
272. Luxer, conseiller à la Cour, rue Lepois, 15.
273. Mac-Carthy, à Saint-Max.
274. Macé (D$^r$), rue Victor Hugo, 29.
275. Magnien, rue du Grand-Verger, 12.
276. Maillard (Auguste), rue Lepois, 10.
277. Maire, juge de paix, rue Victor Hugo, 17.
278. Majorelle, rue Girardet, 3.
279. Majorelle (Jules), rue Saint-Georges, 24.
280. Makiewiez, pharmacien, Mars-la-Tour.
281. Mengin, avocat, place des Dames, 19.
282. Manginot, maire de Toul.
283. Mansuy, conducteur des ponts et chaussées, Epinal, faubourg d'Alsace, 29.
284. Marc, notaire, rue Saint-Dizier, 20.

285. Marc (père), rue Saint-Georges, 69.
286. March (M<sup>lle</sup>), directrice de l'Ecole normale d'institutrices, Maxéville.
287. Marchal, ancien adjoint, rue S<sup>t</sup>-Michel, 23.
288. Marchal, ancien notaire, place Saint-Jean, 5.
289. Marcot (Léopold), Grande-Rue, 13.
290. Marcot (René), rue de la Ravinelle, 13.
291. Margo, ancien nég<sup>t</sup>, rue des Tiercelins, 16.
292. Maringer, maire, faubourg Saint-Jean, 38.
293. Marly, ancien notaire, rue Lepois, 2.
294. Martin (Camille), rue de Boudonville, 11 bis.
295. Marx (Roger), rue Saint-Lazare, 24, Paris.
296. Marx-Picard Emile, avenue de la Garennne.
297. Marx-Picard (René), rue Saint-Julien, 8.
298. Mathieu (Charles), rue de la Ravinelle, 33.
299. Mathieu, négociant, rue du Pont-Mouja.
300. Mathis, tailleur, place Stanislas, 5.
301. Maugras (Emile), Varangéville.
302. Maure, anc. conseiller, rue de l'Hospice, 6.
303. May, professeur à la Faculté de droit, rue Stanislas, 46.
304. Meyer-Grillon, rue Saint-Dizier, 143.
305. Meixmoron de Dombasle (de), rue de Strasbourg, 19.
306. Mercier (G.), rue de Rigny, 19.
307. Merling (Léon), rue de la Salpêtrière, 4.
308. Metz (Victor de), villa de la Pépinière.
309. Metz (M<sup>lle</sup> de), villa de la Pépinière.
310. Metz-Noblat (A. de), r. de la Ravinelle, 27.

311. Michaut, cristalleries de Baccarat.
312. Michel (René), rue Saint-Dizier, 12.
313. Milan (Ch.), rue du Montet, 11.
314. Moitrier, rue Désilles, 8.
315. Molitor (comte), rue de la Baume, 10, Paris.
316. Mont (Pierre de), rue Girardet, 1.
317. Montigny, rue Sainte-Catherine, 3.
318. Monthureux (comte de), rue de Guise, 6.
319. Morawetz, rue du Montet, 3.
320. Moreau, rue Baron-Louis, 2.
321. Morin (M$^{me}$), rue des Jardiniers, 14.
322. Moüet, rue de la Constitution, 17.
323. Mougenot (L.), rue de l'Eglise, Malzéville.
324. Moutot (M$^{me}$), Pont-à-Mousson.
325. Munich, rue de la Monnaie, 8.
326. Munier, rue Saint-Dizier, 36.
327. Nancey, rue Jeanne d'Arc, 9.
328. Nathan, rue Victor Poirel, 3.
329. Nicolas, avocat, place Saint-Georges.
330.
331. Noël, ancien conseiller, rue des Jardiniers, 2.
332. Noël, dentiste, rue des Carmes, 33.
333. Noël, (Marc), chemin de Saulrupt, 15.
334. Nœtinger, anc. magistrat, r. de la Source, 10.
335. Norberg, 16, rue des Glacis.
336. Nouvian (Th.), rue de l'Hospice, 53 *bis*.
337. Novital (de), inspecteur des forêts à Briey.
338. Nyegaard, pasteur, rue Baron-Louis, 25.
339. Olivier, négociant, rue Saint-Dizier, 43.

340. Papelier, député, boulev. Magenta, 56, Paris.
341. Parent, Etain (Meuse).
342. Pariset (M$^{lle}$), rue du Pont-Mouja, 15.
343. Paul, notaire, rue de la Monnaie, 4.
344. Paul (M$^{me}$), rue de la Monnaie, 4.
345. Paul, (M$^{lle}$ Marguerite), rue de la Monnaie, 4.
346 Paul (Marcel), rue de la Monnaie, 4.
347. Paulin (Paul), place Stanislas, 15.
348. Pène (Frédéric), avenue de Boufflers, 8.
349. Pérot, rue Saint-Léon, 14.
350. Perrotey de Jandin (M$^{me}$), r. S$^{te}$-Catherine 5
351. Picot, Saint-Dié.
352. Pidolot, rue Saint-Dizier, 104.
353. Pierre, peintre, rue des Ponts, 46.
354. Pillement, sculpteur, rue de Metz, 11.
355.
356. Piquemal, à Gentilly.
357. Pommery (de), rue de Boudonville, 18.
358. Ponton, conseiller à la Cour, rue de Serre, 12.
359. Poutot (Henri), rue Gambetta, 33.
360. Prouvé, artiste peintre, rue Boissonnade, 15, Paris.
361. Puton, directeur de l'Ecole forestière, rue Girardet, 12.
362. Quillard (M$^{me}$), place de l'Académie, 3.
363. Quintard (Léopold), rue Saint-Michel, 30.
364. Quintard (Lucien), rue Gilbert, 4.
365. Rampont, avoué, rue des Michottes.
366. Ravinel (Ch. de), Villé par Rambervillers.

367. Ravinel (M. de), rue Girardet, Lunéville.
368. Regnault (Gabriel), rue Girardet, 2.
369. Remy-Paillot, rue Montesquieu, 16.
370. Renard, avocat, rue Saint-Dizier, 142.
371. Renaudin (Alfred), rue Cyfflé, Lunéville.
372. Renauld, artiste-peintre, rue d'Auxonne, 13.
373. René, Docteur, rue Saint-Dizier, 74.
374. Richard, tapissier, rue Saint-Jean, 17.
375.
376. Ringenbach, rue de la Salpêtrière, 1.
377. Riocour (C$^{te}$ de), aux Aulnois (Lorraine).
378. Robert (D$^r$), rue de la Salle, 6.
379. Robert, juge, rue des Carmes, 44.
380. Robert (Ferdinand des), Villa de la Pépinière.
381. Robert (Maurice des), rue de Rigny, 21.
382. Rochel, rue des Tiercelins, 46.
383. Rogé, maître de forges, Pont-à-Mousson.
384. Rohmer, (D$^r$), rue des Ponts, 58.
385. Rosenthal, dentiste, rue des Carmes, 36.
386. Rougieux, architecte, rue Dom-Calmet, 5.
387. Roussel (Edmond), rue d'Alliance, 5 bis.
388. Rousselot, négociant, rue Saint-Nicolas, 55.
389. Rousset (M$^{lle}$), rue des Carmes, 33.
390. Royer (Henri), rue de la Salpêtrière, 1.
391. Royer, (J.), rue de la Salpêtrière, 1.
392. Royer, pharmacien, rue de Malzéville, 1.
393. Rubin, professeur de musique, rue des Dominicains, 20.
394.

395. Sadler (Constant), rue de Serre, 16.
396. Sadler (M$^{me}$ Constant), rue de Serre, 16.
397. Sadler (Auguste), docteur, cours Léopold, 30.
398. Sadoul, premier président, rue V. Poirel, 6.
399. Salle (R. de la), à Phlin.
400. Schneider, rue de la Ravinelle, 18.
401. Schuler, architecte, faubourg Saint-Jean, 37.
402. Scitivaux de Greische (de), château de Remicourt, Villers-lès-Nancy.
403. Seltz, artiste peintre, rue Saint-Georges, 7 bis.
404. Séméladis (M$^{me}$), rue Saint-Georges, 79.
405. Sepulchre, consul de Belgique, Maxéville.
406. Sergent, quai Claude-le-Lorrain, 24.
407. Sérot (Auguste), rue de la Monnaie, 8.
408. Simette (aîné), rue de Strasbourg, 5 *bis*.
409. Simon (Léon), rue de la Ravinelle, 29.
410. Simon, rue du Moyen-Pont, Metz.
411. Simon (M$^{me}$), rue Saint-Martin, Saint-Dié.
412. Simonet-Anthoine, rue Gambetta, 45.
413.
414. Sobirats (de), avoué, rue de la Ravinelle.
415. Sogniès (D$^r$), rue Saint-Jean, 57.
416. Solvay, administrat$^r$ des usines de Dombasle.
417.     id.
418.     id.
419.     id.
420.     id.
421. Sonrel, négociant, rue Braconnot, 15.
422. Spillmann, docteur, rue des Carmes, 40.

423. Spire, manufacturier, rue S<sup>t</sup>-Georges, 107.
424. Stainville, conseiller à la cour, place de l'Académie, 8.
425. Stéhelin, préfet de Meurthe-et-Moselle.
426. Sterne, négociant, rue Stanislas, 50.
427. Stoëber (D<sup>r</sup>), rue Stanislas, 66.
428. Thiébault, Belleville (M.-et-M.)
429.
430. Thomas (Paul), rue Callot, 11.
431. Thomas-Mallarmé, r. des Chanoines, 6 *bis*.
432. Tourtel (Albert), Tantonville (M.-et-M.)
433. Tourtel (Félix), Tantonville (M.-et-M.)
434. Tourtel (Ernest), rue Isabey, 8 *bis*.
435. Traxelle, banquier, Lunéville.
436. Tuffier, bijoutier, rue Saint-Dizier, 51.
437. Tulpain, conseiller à la Cour, rue Lepois, 11.
438. Tulpain (M<sup>me</sup>), avenue Thiers, Remiremont.
439. Turgy (de), artiste peintre, pl. Carrière, 45.
440. Vagner (René), gérant de l'*Espérance*, rue du Manège, 3.
441. Vaidmann, rue de Lisbonne, 66, Paris.
442. Vallin, sculpteur, rue des Tiercelins, 21.
443. Vaugiraud (marquis de), rue du Manège, 1.
444. Vauthier, (J,-F.), Rocroi (Ardennes).
445. Vautrin (Camille), rue de la Pépinière, 33.
446. Veillon, ingénieur, Val de Châtillon.
447. Vergne (M<sup>me</sup> F.), rue des Carmes, 31.
448. Vidil (D<sup>r</sup>), rue des Tiercelins, 34 bis.
449. Vienne (H. de), rue d'Alliance, 6.

450. Vierling, rue de la Visitation, 10.
451. Vigneron, rue Saint-Jean, 38.
452. Ving (D$^r$), rue de Metz, 7.
453. Voignier, rue Saint-Dizier, 83.
454. Voirin (Jules), rue des Michottes, 7.
455. Volland, sénateur, rue de la Ravinelle, 20.
456. Wangen (de), rue Saint-Dizier, 145.
457. Weill (Emile), rue Saint-Dizier, 85.
458. Weille (Edmond), rue des Dominicains, 44.
459. Weissemburger, place de l'Académie, 7.
460. Weissenthanner, négociant, place Saint-Jean, 1.
461. Welche (Ch.), Montauban-sur-Houdemont.
462. Wiener (Lucien), rue de la Ravinelle. 28.
463. Wiener (René), rue des Dominicains, 53.
464. Wild (Marc), rue Mably, 9.
465. Winstel (Ad.), rue des Ponts. 16.
466. Wiriath, cours Léopold, 49.
467. Wittmann, art.-peintre, rue du Bastion, 15.
468. Zaepfel, conseiller de préf$^{re}$, rue Mazagran, 3.

# LISTE SUPPLÉMENTAIRE

469. Adrien-Didion, rue du Manège, 1 bis.
470. Remy, rue Victor Hugo, 26.
471. Fruhinsholtz (Adolphe), faubourg Saint-Georges, 44.
472. Muller (Charles), faubourg Saint-Georges, 44
473. Febvrel (Mlle Alice), Saint-Dié.
474. Maillier (de), rue du Manège, 6.
475. Tissot, avoué, rue Saint-Dizier, 83.
476. Thouvenin, rue des Carmes, 29.
477. Michel, rue Saint-Nicolas, 55.
478. Pernot, conseiller municipal, r. du Bastion, 28.
479. Demange (Ad.), rue Saint-Dizier, 124.
480. Recouvreur, pharmacien, Commercy.
481. Level (Dr), Commercy.
482. Bastien, artiste peintre, Mirecourt.
483. Saint-Joire, avocat, rue Saint-Dizier, 25.
484. Paquy, avocat, place Lafayette.
485. Ludres (Mse de), Art-sur-Meurthe.
486. Ludres (Vte R. de), Art-sur-Meurthe.
487. Ferry, ancien notaire, r. de la Constitution, 19.

488. Jourde, négociant, rue Victor, 6.
489. Mathieu, capitaine, au 79ᵉ, r. de la Commanderie.
490. Feraguet (Mˡˡᵉ), place Carrière, 32.
491. Contal, avocat, rue Sainte-Catherine, 29.
492. Perrin, rue Rivolet, Lunéville.
493. Mellier, inspecteur d'Académie, rue Saint-Dizier, 138.
494. Diot, ancien receveur municipal, rue du Montet, 9.
495. Fisson, à Xeuilley.
496. Niéger, ancien inspecteur des forêts, place Carrière, 45.
497. Boulian (Mˡˡᵉ), à Doudan (Seine-et-Oise).
498. Maujean, rue Gambetta, 17.
499. Simon (docteur), place Carrière, 21.

www.ingramcontent.com/pod-product-compliance
Lightning Source LLC
Chambersburg PA
CBHW030100230526
45471CB00003B/1178